EL MAÍZ

JOE TISCHLER

¡mira!

EL MAÍZ

CREATIVE EDUCATION • CREATIVE PAPERBACKS

Publicado por Creative Education y Creative Paperbacks
P.O. Box 227, Mankato, Minnesota 56002
Creative Education y Creative Paperbacks
son marcas editoriales de Creative Company
www.thecreativecompany.us

Diseño y dirección de arte de Blue Design
Editado de Jon Quijano
Traducción de TRAVOD, www.travod.com

Fotografías de Alamy (AgStock Images, Inc.), Corbis (AgStock Images), Dreamstime (Roibul, Somchai Somsanitangkul), Getty (Deborah Kletch, enviromantic, Hiroshi Higuchi, lamyai, Lezh, miriam-doerr, OlenaMykhaylova, pryzmat, YinYang), Shutterstock (Apisit, bogubogu, DibasUA, foto76, LENA GABRILOVICH, metalstock, Paladin12, Piyato, RashidValitov, rsooll, Warren Price Photography, xpixel), Wikimedia Commons

Library of Congress Cataloging-in-Publication Data

Names: Tischler, Joe, author.
Title: El maíz / Joe Tischler.
Other titles: Corn. Spanish
Description: Mankato, Minnesota : Creative Education and Creative Paperbacks, [2025] | Series: ¡Mira! | Includes bibliographical references and index. | Audience: Ages 6-9 | Audience: Grades 2-3 | Summary: "An engaging story of the life cycle of corn, this middle-grade book features eye-catching photographs, insightfully simple language, and biological facts about this popular crop"-- Provided by publisher.
Identifiers: LCCN 2023050066 (print) | LCCN 2023050067 (ebook) | ISBN 9798889891161 (library binding) | ISBN 9798889891468 (ebook)
Subjects: LCSH: Corn--Juvenile literature. | Corn--Life cycles--Juvenile literature.
Classification: LCC SB191.M2 T5418 2025 (print) | LCC SB191.M2 (ebook) | DDC 633.1/5--dc23/eng/20231212

Impreso en China

Tabla de contenido

El maíz es una planta importante, no solo para las personas sino también para los animales. La gente lo come de muchas formas. El maíz dulce y las palomitas son dos de ellas. Los granjeros alimentan a sus animales con maíz de campo.

El maíz es una planta anual. Eso significa que cada año se debe volver a plantar. El maíz necesita buena tierra, agua y mucha luz del sol.

Los granjeros suelen alimentar a sus pollos con granos de maíz.

10 *Las semillas de maíz normalmente se plantan a una profundidad de 2 pulgadas (5,08 centímetros).*

El proceso de cultivo del maíz comienza en la tierra. Se planta un grano como semilla. Este empieza a crecer cuando llegan los días más cálidos de la primavera. El maíz se planta en hileras. Crece en jardines grandes o en campos. El maíz necesita mucho espacio. Las semillas se plantan a unos 3 pies (0,9 metros) de distancia unas de otras. Una planta de maíz necesita entre 8 y 10 horas de luz del sol todos los días.

Adentro de la semilla hay un **embrión**. El embrión está envuelto en una cáscara dura llamada cubierta seminal. El agua reblandece la cubierta. La semilla empieza a crecer.

El embrión atraviesa la cubierta seminal. Crecen raíces hacia adentro de la tierra. Pronto, un tallo empuja la tierra hacia arriba. La planta nueva se llama plántula.

embrión: parte de una semilla que crece hasta convertirse en una planta

Las hojas aparecen aproximadamente una semana después de que la plántula se asoma por primera vez entre la tierra.

La primera hoja de la plántula se llama cotiledón. Cada pocos días, aparece otra hoja. La parte donde la hoja se une al **tallo** se llama cuello.

El cotiledón y las hojas viejas mueren pronto. A medida que la planta crece, en el tallo principal crecen brotes de mazorca pequeños. Se llaman flores femeninas.

tallo: la parte larga y recta que sostiene la planta de maíz

El cotiledón ayuda a la diminuta plántula a obtener la luz del sol que necesita para crecer.

Cada rama de la espiga tiene muchas flores diminutas.

La planta de maíz alcanza su altura total unos 65 días después de salir de la tierra. La mayoría de los tallos miden alrededor de 8 pies (2,4 m) de alto. Eso es casi tan alto como un aro de básquetbol.
En la parte superior del tallo crece una corona con puntas llamada espiga.
De la espiga cae **polen**.

polen: polvo amarillo hecho por las plantas que se usa para formar otras plantas

El polen hace que en la mazorca empiecen a crecer granos de maíz. Al principio, los granos son pequeños y blancos. Pero pronto se vuelven amarillos y regordetes. La mayoría de las plantas tienen una o dos mazorcas de maíz. Las mazorcas de maíz dulce crecen hasta medir aproximadamente 9 pulgadas (22,9 cm) de largo. Una mazorca tiene entre 500 y 1.200 granos.

Las granjas estadounidenses producen alrededor del 32 por ciento del maíz del mundo.

El ciclo total de crecimiento de la mayoría de los maíces dura unos 120 días.

Los granjeros usan máquinas llamadas cosechadoras combinadas para recoger el maíz en el otoño. Una cosechadora combinada corta los tallos y separa los granos de la mazorca. Si una planta de maíz no se cosecha, se seca. Los granos se endurecen y oscurecen. La planta se marchita y muere. En primavera, se plantarán nuevas semillas de maíz.

Cada año, el maíz atraviesa el mismo **ciclo**. Una plántula emerge de la tierra. Entre 30 y 45 días después, aparecen las mazorcas. Después de la polinización, crecen los granos en las mazorcas durante todo el verano. En el otoño, se cosecha el maíz. Cuando llega el invierno, todo el maíz que siga allí se secará y morirá.

ciclo: un patrón que sucede una y otra vez en el mismo orden

La sombra de las plantas de maíz evita que la tierra se seque demasiado.

CICLO DE CRECIMIENTO

Primavera:
Se plantan las semillas

Verano:
Crecen los granos

Otoño:
Cosecha

Invierno:
Muere

CICLO DE VIDA

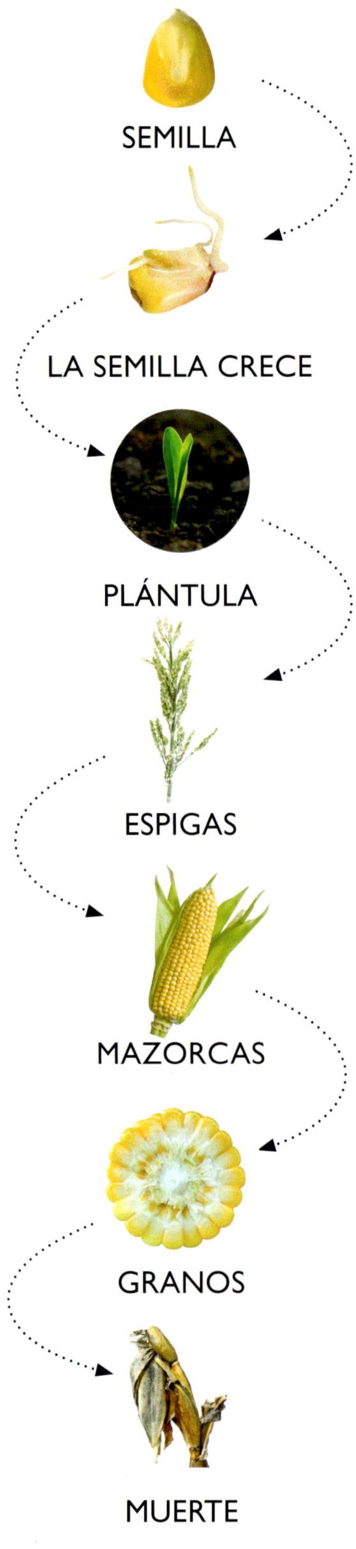

La Madre del Maíz es un mito indígena estadounidense sobre una mujer especial hecha de maíz. Ella da su vida para dar maíz a su pueblo. Muchos grupos indígenas estadounidenses creen que el maíz es como una madre que cuida de ellos. La historia de la Madre del Maíz nos enseña a compartir los regalos de la naturaleza y a cuidar de las personas que viven en nuestra comunidad.

Los indígenas estadounidenses cultivaban maíz en lugares que ahora están en México y Estados Unidos.

ÍNDICE ALFABÉTICO